I9-
23/41

Comité historique
C. de Gerville

MONUMENTS ROMAINS

D'ALLEAUME,

Par M. DE GERVILLE.

La description des Monuments Romains d'Alleaume a paru, il y a quelques années, dans le *Journal de l'arrondissement de Valognes*. Cette petite brochure en est la reproduction textuelle. La plupart des exemplaires de ce journal manquent aujourd'hui, et cependant on la redemande. Grace à une centaine d'exemplaires, que je fais tirer à part, les voyageurs pourront toujours la trouver sous leur main, quand ils la désireront.

THÉÂTRE ROMAIN

D'ALLEAUME.

Il existe, dans la commune d'Alleaume, tout près de Valognes, deux monuments de la domination romaine : le Théâtre et le Balnéaire.

Le premier est tellement dégradé que peu d'habitants de notre ville peuvent en indiquer l'emplacement. Nous avons cru nous rendre utiles à nos abonnés, en leur offrant la lithographie ci-jointe, qui est la représentation fidèle d'un plan levé, en 1692, par M. Foucault, intendant de la Basse-Normandie, tel qu'il fut reproduit, en 1722, par le *père* Montfaucon, dans son ouvrage intitulé *Antiquité expliquée*, tome III, 2e partie, page 248.

L'ouvrage de Montfaucon est devenu rare. Nous en reproduisons ici la gravure et le texte qui l'accompagne.

Près d'un demi-siècle après le savant Bénédictin, un autre antiquaire, non moins distingué, s'occupa du Théâtre et des Bains romains d'Alleaume. Nous allons répéter ce qu'il en dit. Nous terminerons cet article par le détail des fouilles opérées dernièrement sur le terrain du Théâtre, par M. Cardine, qui en est le propriétaire actuel. Voici d'abord ce qu'on trouve dans Montfaucon.

« Le plan du Théâtre d'*Alauna*, près de la ville de
» Valognes, en Normandie, a été levé par l'illustre M.
» Foucault, alors intendant de Normandie; il est fort
» différent de celui des autres Théâtres, qui ne sont qu'un
» *hémicycle*, en sorte que la ligne qui termine ce Thé-
» âtre serait le diamètre du cercle s'il était entier. Ici,
» le Théâtre contient beaucoup plus que le demi-cercle.

» Le diamètre est de trente-quatre toises, ou deux
» cent quatre pieds, et la ligne, qui termine ce Théâtre
» n'est que de trente-deux toises, ou cent quatre-vingt-
» douze pieds; l'orchestre occupe encore bien plus d'es-
» pace au delà de l'enceinte que le Théâtre : il a douze
» toises et demie de diamètre, qui font soixante-quinze
» pieds, et la ligne qui le termine n'a que neuf toises et
» demie, qui font cinquante-sept pieds. Le *proscénium* a
» de même cinquante-sept pieds de longueur sur environ
» douze de largeur. Tous les bâtiments, qui étaient sur
» le devant, savoir : la scène et le appartements des
» étrangers, sont tellement ruinés qu'on n'en a pu même
» lever le plan.

» Ce Théâtre a deux *précinctions*, sans compter la
» dernière qui le termine; il a dix escaliers, qui sont du
» *haut en bas*. Ce qu'il y a ici de particulier, c'est qu'ils
» sont rangés deux à deux, en lignes parallèles. Ce
» Théâtre, *après ceux de Rome*, est *plus grand que ceux*
» *que nous avons vus ci-devant*.

» Il faut se souvenir que nos pieds sont d'un bon
» pouce plus longs que les romains. »

Voici maintenant ce qu'ajoutait Caylus, près d'un demi siècle après Montfaucon, *Recueil d'Antiquités*, tome VII, page 315.

« Quant à l'*Amphithéâtre*, on en a déjà beaucoup dé-
» moli aux environs, mais son *plan circulaire* aide à en
» *retrouver l'enceinte*; il paraît qu'il y en avait une double:
» l'une extérieure, de vingt toises de rayon, l'autre de
» dix-huit toises; si l'on déduit de la superficie entière
» du grand demi-cercle la superficie des arènes et celle
» de l'*espèce de corridor formé* par les deux enceintes, on
» ne pourra guères supposer de place pour plus de *six*
» *mille spectateurs*.

» Il ne reste que peu de parties de l'enceinte exté-
» rieure et presque rien de l'enceinte intérieure; l'une
» et l'autre étaient construites en maçonnerie semblable
» à celle du *château des Bains*.

» On n'a rien découvert de ces souterrains voûtés
» qu'on dit avoir existé aux environs de ces monuments,
» et l'on ne distingue plus sur quelle étendue de ter-
» rain étaient répandus les débris de l'ancienne ville dans
» une partie de la paroisse d'Alleaume. »

Voilà ce que disait Caylus du Théâtre d'*Alauna*, entre le temps de Montfaucon et le nôtre. Il y a entre eux quelques légères différences. Elles viennent de ce que le savant Bénédictin avait été mieux renseigné par M. Foucault, que Caylus par M. Céret, qui n'était pas antiquaire et qui avait confondu le bas de la lande du Castelet avec un côté d'*Amphithéâtre*. Cette erreur est bien excusable aux yeux de ceux qui connaissent la position.

Quoiqu'il en soit, depuis le temps du comte de Caylus, la dégradation du Théâtre en avait effacé presque tous les détails, lorsqu'à la fin de l'été dernier, le propriétaire actuel du champ qui contient l'emplacement de ce Théâtre y fit faire ce qu'il appelait des *redressements*. Ceux-ci s'opérèrent plutôt dans l'intérêt de l'agriculture que dans celui de l'archéologie. Ils furent surveillés attentivement par un amateur, depuis le mois de septembre jusqu'en avril dernier, que le champ fut ensemencé en avoine.

Voici à peu près le détail de ce qui concerne les antiquités. Durant l'automne, ce qui restait d'un des *vomitoires* ou couloirs pour l'accession et la sortie du Théâtre fut enlevé et démoli. La maçonnerie, bien qu'à chaux et à sable, n'était pas fortement cimentée. Elle reposait sur une fondation de pierres sèches, destinées probablement à faciliter l'écoulement des eaux. Des traces de feu et de la sépulture d'un corps brûlé y étaient bien apparentes, sans avoir rien de remarquable.

Dans cette partie la plus élevée du Théâtre, on remarque la *précinction* supérieure : c'est un cordon régulier de terre rapportée, assez peu fertile et qui semble avoir été tirée de la lande du Castelet. Dans ce cordon factice, on ne trouve intérieurement aucune trace d'habitation ou de construction, sinon les restes des vomitoires qui le coupent perpendiculairement à la surface.

Les excavations faites un peu plus bas, à la profondeur de cinq à six pieds, ont mis à découvert beaucoup de traces de maçonnerie et de fondations à chaux et à sable, mais dont les mortiers n'adhéraient pas fortement aux pierres. Des excavations antérieures avaient eu lieu dans cette partie. On y reconnait un grand mélange de terre grasse, de cendres noires, de débris de tuiles, de briques et de poterie. Il y avait quelques médailles isolées de grand et de moyen bronze, toutes du haut empire; les dernières étaient de Lucille, femme de Verus ; il y en avait des deux Faustine, d'Antonin et de Marc-Aurèle, toutes d'une conservation médiocre, quelques-unes enduites d'une belle *patina* verte et luisante.

Il y avait en outre une épingle en bronze, longue de quatre pouces, et deux à trois pierres de taille d'un assez fort échantillon : elles avaient probablement fait partie de l'escalier qui séparait les spectateurs de la scène.

Celle-ci formait la partie la plus basse, celle que les antiquaires nomment *Ima cavœa*. On y a fait des fouilles à quelques pieds de profondeur ; elles y ont fait découvrir d'autres fondations, une dalle ou perte d'eau, destinée à assécher le Théâtre ; quelques autres médailles isolées du haut empire et du même module que les précédentes : la plus ancienne était un Domitien en moyen bronze ; une anse très-forte d'Amphore, avec les initiales d'un nom de Potier I. T. ; et une grande pièce ou plaque en bronze, un peu plus grande qu'un écu de six francs, ayant d'un côté le N° I., et de l'autre dix points arrondis, disposés régulièrement en forme de croissant: on a présumé que ce pouvait être une contremarque du Théâtre. Tous ces objets ont été recueillis et sont conservés avec un grand soin.

Dans la suite nous nous proposons de donner une

lithographie du Balnéaire, connu sous le nom du *Vieux-Château-d'Alleaume*; elle sera accompagnée d'une notice analogue à celle qu'on vient de lire. On y joindra quelques détails sur les travaux entrepris, en 1772, pour la démolition du Balnéaire, et sur la destruction de la piscine, en 1773.

BALNÉAIRE
D'ALLEAUME.

L'EXPÉDITION scientifique de M. Foucault, à Valognes, en 1692, a fourni des renseignements non moins importants sur les Thermes d'Alleaume que sur son Théâtre. Comme nous l'avons fait pour ce dernier, nous allons copier dans Montfaucon ce qui a rapport à ses Bains. Nous y ajouterons d'autres détails fournis par Caylus. Nous terminerons cette notice par ce qui s'est passé de plus remarquable au Balnéaire, depuis le temps où M. de Caylus publia le VIIe volume de son recueil.

Voici d'abord ce qu'on en trouve dans Montfaucon, *Antiquité expliquée*, tome III, 2e partie, page 202 :

« Ce grand plan, que nous donnons ici, a été levé par
» l'ordre de l'illustre M. Foucault, lorsqu'il était inten-
» dant de Normandie. Toujours attentif à illustrer l'an-
» tiquité, il fit fouiller dans des masures de la ville nom-
» mée *Alauna* et qui est *appelée aujourd'hui Vallongne*.
» Non content de nous avoir communiqué ce plan, il
» nous a encore donné des observations que firent deux
» habiles hommes sur cette découverte. Ils conviennent
» ensemble que c'étaient autrefois des étuves ou des

» bains. Les *canaux qui y ont été trouvés* en font foi;
» mais, comme toutes ces descriptions et ces observa-
» tions ont été faites dans un temps où l'on n'avait
» encore découvert qu'une partie de ces vestiges, on
» n'en peut presque tirer aucun secours. Tout ce qu'on
» peut dire en général, c'est que, suivant les mesures
» qu'on a marquées, l'édifice devait avoir environ 45
» toises, ou 270 *pieds de long*, et que la largeur est
» environ la moitié de la longueur. Si l'on voulait ha-
» sarder, on pourrait dire que les trois chambres qu'on
» voit en enfilade du côté de l'entrée, sont la chambre
» *froide*, la chambre *tiède* et la chambre *à suer*, et que
» les deux chambres rondes étaient pour les bains; mais
» il faudrait avoir été sur les lieux pour parler avec
» quelque probabilité. La grande galerie, qui a vingt-
» cinq toises de long, et les autres salles pourraient
» avoir été un *éphébée* ou un lieu d'exercice pour les
» jeunes garçons. Il y avait des lieux semblables dans
» les grandes Thermes de Rome; mais je suis loin de
» garantir rien de tout ceci. »

Dans ce passage et dans la suite que nous omettons, Montfaucon s'occupe un peu trop, pour notre sujet, de la description des bains en général. Nous le quittons pour Caylus, qui décrit plus spécialement ceux d'*Alauna*.

« M. Céret, dit-il, tome VII, page 314, m'a envoyé
» depuis peu, sur ces ruines, un beau mémoire dont je
» donne l'extrait. Il y a joint les *plans* et les ruines du
» *château des Bains*, tant du côté du nord que du côté de
» l'ouest. Je les ai fait graver sur les planches XC et
» XCI de mon VIIe volume.

» Ce château des Bains était un grand édifice vérita-

» blement dans le goût romain. Depuis M. Foucault, il
» a été fort dégradé et on le dégrade encore tous les
» jours par les pierres qu'on en tire. Cependant les murs
» du château ont *encore trente-cinq à quarante pieds de*
» *hauteur*, et depuis trois jusqu'à six pieds d'épaisseur.
» L'intérieur de ces murs est fait de *petites pierres brutes*,
» *et leur revêtement construit d'une autre petite pierre*
» *posée par lits*, taillée carrément sur quatre à six pouces
» de face extérieure, et de quatre à cinq pouces de
» cube. Toutes les ouvertures étaient en plein cintre.
» On a employé dans les arcs de la brique alternati-
» vement posée avec de petites pierres, pour maintenir
» les bandeaux des ceintres.
» Cet édifice contenait, pour le moins, quatre salles,
» dans l'une desquelles était un bassin de forme vrai-
» ment circulaire; mais l'intérieur paraît avoir été à pans
» et devait être octogone. On voit encore un petit canal
» qui y conduisait l'eau. Le diamètre de ce bassin, sui-
» vant le plan, *était de vingt-deux pieds*. »

Depuis environ soixante-dix ans que ce volume du recueil de Caylus est imprimé, le propriétaire du *château des Bains* entreprit d'en faire disparaître les ruines. Ce fut vers 1772 qu'il y travailla le plus activement par la sape et la mine. Si l'on en juge par la comparaison de ce qui reste avec le dessin de M. Céret, les efforts du proprié- taire n'eurent pas le succès qu'il en attendait; car on dis- tingue encore très bien l'intérieur des murs, formé de pierres brutes, leur parement très régulier formé de pe- tits cubes en pierre de taille, et les grandes briques qui ont servi à soutenir les ceintres des voûtes.

Mais le propriétaire fut plus *heureux* pour le bassin ou piscine des baigneurs. Il le fit briser à coup de masse, en 1773, et en fit disparaître jusqu'aux traces. Ce bassin, en stuc rougeâtre, a été vu par plusieurs personnes *encore vivantes*, et notamment par M. Turbert, possesseur actuel du *château des Bains*.

Il n'avait pas alors plus d'un mètre de profondeur, ce qui ne semble pas en rapport avec son diamètre de vingt-deux pieds et plus.

Douze petits fourneaux posés sous le bassin servaient à y chauffer l'eau, qui y était conduite par un aquéduc ou dalle souterraine, partant d'une fontaine abondante, située au haut de l'étang du Castelet, appartenant aux possesseurs actuels du Théâtre. Deux *regards* de cet aquéduc souterrain furent découverts, il y a quelques années, en plantant des pommiers dans sa direction.

Le *château des Bains* était le point de départ de toutes les voies de la ville d'*Alauna* vers *Crociatonum* (Saint-Côme), *Cosediæ* (Coutances), *Coriallum* (Cherbourg) et *Grannonum* (Portbail). D'autres voies se dirigeaient de ce point vers la Hougue, Barfleur et Pierrepont. Les traces de cette dernière sont très apparentes dans les communes de Saint-Sauveur-le-Vicomte et de Taillepied.

Le Balnéaire d'Alleaume est encore visité par les curieux qui passent à Valognes; mais on y sait à peine que c'est l'emplacement de bains publics. Il n'y est connu que sous le nom de *Vieux-Château*.

Parmi les habitants de Valognes et d'Alleaume, à peine une personne sur cent sait qu'il y a existé un Théâtre et bien moins encore où en est l'emplacement.

ADDITIONS.

Le Théâtre et le Balnéaire d'Alauna sont certainement les monuments les plus curieux qui nous restent de cette ville romaine; mais ils ne sont pas les seuls. Je m'occupai des autres en 1817, et, l'année suivante, j'en fis un rapport détaillé à M. le préfet de la Manche. Dix années plus tard, j'y revins avec une attention toute particulière, et je m'occupai, pendant plus de trois mois de suite, à lever le plan de la ville romaine et de ses faubourgs. Ce plan a été publié dans l'atlas de la Société des Antiquaires de la Normandie. Aucun livre, aucun renseignement manuscrit ne m'ont aidé; mais j'ai eu besoin du travail le plus opiniâtre, le plus long et le plus persévérant. Il m'a fallu copier l'atlas cadastral parcellaire de cette commune, l'emporter avec moi à tous les voyages que j'y ai entrepris, et y marquer attentivement, à l'encre rouge, tous les champs où j'ai découvert des parcelles de briques et de tuiles. Le mémoire, que je joignis à mon plan, et qui fut imprimé, avec lui, en 1828, entre, à cet égard, dans tous les détails de l'exécution, pour laquelle M. de la Rue, ingénieur des ponts et chaussées, me fut d'un grand secours. C'est la substance de ce travail que je donne ici ; elle suffira pour indiquer exactement l'emplacement de la ville, et celui des monuments dont il me reste à parler. Ces monuments ont un mérite particulier, celui de borner, avec le Théâtre et le Balnéaire, l'enceinte de la ville à des points à peu près cardinaux, de manière que cette enceinte, ainsi circonscrite, pourrait être mesurée très-approximativement.

Voici d'abord ce qui nous reste à dire des deux derniers monuments dont j'ai à parler. Le premier, le plus important, est situé au bord de la route royale de Cherbourg à Paris, à un kilomètre de la ville de Valognes, au hameau de la Victoire, qui porte encore le nom d'un temple détruit avec le reste de la ville. L'emplacement de ce temple est très bien indiqué par les ruines d'une chapelle de la Victoire, convertie en magasin depuis la Révolution. Autour de cette chapelle, on retrouve encore les fondations de l'ancien temple ; il est présumable qu'une chapelle chrétienne y fut établie peu de temps après la destruction du temple romain. Cette chapelle, abandonnée depuis longtemps, fut, vers 1630, l'objet d'une mission du père Eudes, fondateur de la congrégation des Eudistes. Sa mission fut terminée par le rétablissement de la chapelle, qui jouit, pendant longtemps, d'une certaine célébrité. Le quartier de la Victoire n'est pas moins rempli de traces romaines que les environs du Théâtre et du Balnéaire. Chaque année, on y retrouve des médailles, des débris de poteries et de tuiles, quand on y creuse des fossés nouveaux.

A une certaine distance de la Victoire, au nord-est, on trouve, au bord de l'enceinte, beaucoup d'anciennes fondations et un pan de muraille fortement cimenté, ayant encore à peu près trois mètres de hauteur et en ayant eu davantage autrefois. J'avoue que je ne pourrais pas en indiquer l'usage. Je crois seulement que c'était un bâtiment public, parce que, dans toute la ville, les constructions particulières étaient des rez-de-chaussée, sans aucune maçonnerie extérieure, et consistaient, hors de terre, dans des montants en bois et ce remplissage en terre que Vitruve appelait *Cratitium opus*.

Le père Dunod, savant antiquaire de Besançon, qui accompagnait M. Foucault, en 1692, était d'avis que ce bâtiment, beaucoup plus considérable que les autres, avait appartenu à une Monnaie. Pour émettre une pareille opinion, ce savant avait alors des raisons que le temps a fait disparaître et qu'on ne peut apprécier aujourd'hui; mais un point très important que nous pouvons constater encore maintenant, c'est que cette grande construction est placée justement à une des limites de l'enceinte centrale, et que les trois autres monuments sont des positions identiques: le Théâtre au nord, les Bains au couchant, la Victoire au midi, et notre grand pan de muraille au levant.

Nous avons un autre moyen de préciser l'emplacement de cette ville centrale: c'est que tout le terrain couvert anciennement par ces habitations a retenu son ancien nom de *Castelet*, nom qui signifiait, chez les Romains, enceinte d'une ville ou d'une bourgade.

Dans toutes les excavations que j'ai vu faire sur le

terrain du Castelet, j'ai souvent vu mettre à nu d'anciennes fondations; elles sont toutes en maçonnerie assez mal soignée. Nulle part je n'y ai remarqué ce ciment tenace et solide qui caractérise les grands bâtiments extérieurs, tels que ceux du Balnéaire.

Les maisons particulières, étant toutes aussi basses que nous l'avons observé, devaient prendre en surface ce qui leur manquait en hauteur. Voilà pourquoi la population de ces villes, dont on sait d'ailleurs que les habitations n'étaient pas en contact, ne peut pas être comparée à celle de nos villes actuelles. Je sais qu'on pourrait trouver quelque compensation dans l'immense étendue des faubourgs; mais ces faubourgs eux-mêmes étaient infiniment moins habités que la ville principale, et je n'ai jamais pensé que la réunion de la ville et des faubourgs eût une population qui s'élevât au delà de 4,000 âmes.

Toutes les voies romaines du pays venaient aboutir au Balnéaire. Un grand nombre se réunissait au hameau de la Victoire, avant d'arriver au point central. Entre le hameau de la Victoire et l'église de Flottemanville, il existe un bout de la voie romaine d'Alleaume à Coutances. Cette voie est remarquable par un alignement parfait; mais elle ne paraît pas avoir eu plus de six mètres de largeur. Je n'en ai vu le pavé sur aucun point; j'ignore s'il a été enlevé ou s'il est recouvert de terre. Cette route se continue jusqu'à Coutances, dans la ligne la plus droite. On en voit quelquefois douze à seize kilomètres de suite. Dans les travaux de grande communication, on en a mis le pavé à découvert sur la commune de Periers. Ce pavé a été coupé en plusieurs endroits et a un mètre d'épaisseur. Dans cette direction, on trouve deux endroits appelés le château *Milliare*, nom qui vient évidément de *milliarium*. Ces deux lieux sont, à la pointe du compas, exactement à l'emplacement de la *pierre milliaire*, qui servait à marquer les distances et la direction de la route.

Pour terminer ce que j'avais à dire d'Alleaume, on m'a prié de répéter aussi ce que j'avais dit des antiquités de son église. Cette église, qui est aux trois quarts assez moderne, présente quelques traces d'architecture romane, et, entr'autres, une porte bouchée extérieurement au midi du chœur, contre la croisée. Cette partie de la croisée présente, aussi extérieurement, un bas-relief assez grossier, mais très ancien, dont j'ai fait graver un dessin dans l'atlas des Antiquaires de la Normandie, il y a une vingtaine d'années. M. Prosper Mérimée, inspecteur général des monuments de la France, a encore dessiné ce bas-relief, il y a quelques années. J'étais présent à ce travail.

Valognes.— Imp. de Vᵉ Henri Gomont, libraire.— 1844.

BIBLIOTHEQUE NATIONALE DE FRANCE

3 7531 01754898 4

www.ingramcontent.com/pod-product-compliance
Lightning Source LLC
Chambersburg PA
CBHW060921050426

42453CB00010B/1855